DIESES BUCH GEHÖRT:

Golden Age Press

BESUCHEN SIE UNS ONLINE:
WWW.GOLDENAGEPRESS.COM

ISBN-13 : 978-1955421300

Illustrationen von: Roslen Roy Mack

@2021 Barbara House
Golden Age Press
Alle rechte vorbehalten

Kein Teil dieser Veröffentlichung darf ohne vorherige schriftliche Genehmigung des Herausgebers in irgendeiner Form auf elektronischem oder mechanischem Wege, einschließlich Fotokopieren, Aufzeichnen oder Speichern und Abrufen von Informationen, weiterverkauft, vermietet, übertragen oder reproduziert werden.

www.ingramcontent.com/pod-product-compliance
Lightning Source LLC
Chambersburg PA
CBHW082040080526
44578CB00009B/788